LE
PROPHÉTISME HÉBREU

Esquisse de son histoire et de ses destinées

PAR

JEAN RÉVILLE

Directeur d'études à l'École pratique des Hautes-Études

PARIS
ERNEST LEROUX, ÉDITEUR
28, rue Bonaparte (VIe)

1906

A

21968

LE PROPHÉTISME HÉBREU

Extrait de la *Bibliothèque de vulgarisation
du Musée Guimet*, t. XVIII

Chalon-s-Saône, Imprimerie française et orientale E. BERTRAND

LE
PROPHÉTISME HÉBREU

Esquisse de son histoire et de ses destinées

PAR

Jean RÉVILLE

Directeur d'études à l'École pratique des Hautes-Études

—

PARIS

ERNEST LEROUX, ÉDITEUR

28, rue Bonaparte (VIᵉ)

—

1906

PRÉFACE

Les quelques pages suivantes sont le développement d'une conférence que j'ai faite, en
1905, au Musée Guimet. Elles ont paru dans
la *Bibliothèque de vulgarisation* des Annales
du Musée Guimet. Il s'agit, en effet, d'une
œuvre de vulgarisation. Je n'ai pas la préten-
tion de traiter à fond et dans tous ses détails
un sujet aussi vaste et aussi complexe que le
Prophétisme hébreu, avec toutes les questions
de critique historique et littéraire qu'il comporte.
J'ai voulu simplement mettre à la disposition
du public français, dans une brochure accessible pour tout le monde, une esquisse de l'histoire du prophétisme hébreu et de ses destinées,
qui lui permette d'en saisir les origines, d'en
suivre l'évolution et d'en apprécier la valeur.

Paris, le 4 février 1906.

LE PROPHÉTISME HÉBREU

PAR

JEAN RÉVILLE

Directeur d'études à l'École pratique des Hautes Études

D'après l'opinion traditionnelle les prophètes d'Israël ont été les précurseurs de Jésus-Christ; ils ont prédit sa venue et annoncé aux Juifs le salut qui devait être dispensé par Dieu, en Christ, aux fidèles de toutes nations. Telle est depuis la plus haute antiquité chrétienne l'enseignement de l'Église. Prédicateurs et théologiens d'autrefois se sont complu à signaler dans les écrits prophétiques de l'Ancien Testament de nombreuses allusions aux événements racontés dans le Nouveau Testament, à seule fin de faire éclater ainsi la prescience de ces hommes de Dieu, auxquels une inspiration surnaturelle avait révélé plusieurs siècles à l'avance même de menus détails de l'histoire évangélique.

La critique historique a depuis longtemps rectifié cette conception erronée. Elle a rétabli le sens véritable des passages où l'on se plaisait à voir des prédictions surnaturelles et montré que, si l'œuvre des prophètes a bien réellement été la préparation historique de l'œuvre du Christ, ceux-ci n'avaient en aucune façon prévu le mode de sa réalisation. Mais, ici comme ailleurs, la critique historique ne s'est pas bornée à détruire les croyances traditionnelles, ainsi qu'on l'en accuse trop souvent. Elle a reconstruit après avoir démoli. En replaçant les prophètes d'Israël dans leur véritable milieu historique, elle a fait ressortir leur incomparable originalité, la haute valeur de leurs prédications enflammées ; elle a reconnu en eux de véritables ancêtres de la conscience moderne, et s'ils y ont perdu leur caractère miraculeux, ils y ont infiniment gagné en grandeur morale.

*
* *

Nous ne possédons pas de renseignements sur les prophètes d'Israël en dehors de ceux

qui nous sont fournis par les écrits de l'Ancien
Testament, soit par les livres historiques, tels
que ceux de *Samuel* et des *Rois*, soit par les
livres prophétiques[1]. Or, il est indispensable
de soumettre ces écrits à une étude critique
très serrée avant de leur demander des témoi-
gnages précis. Les livres dits historiques, en
effet, ont été rédigés longtemps après les événements qu'ils rapportent, à l'aide de documents
antérieurs sans doute, mais aussi avec l'inten-
tion de servir la cause du culte de Jahvéh[2] ; et
les livres prophétiques sont, pour la plupart,
des recueils de prophéties, constitués pour les
besoins du culte de la synagogue pendant ou
après l'exil et qui peuvent, par conséquent,
contenir des morceaux d'époque et de prove-

1. Dans nos Bibles, on distingue les Livres historiques (*Josué,
Juges, Ruth,* I et II *Samuel,* I et II *Rois,* I et II *Chroniques, Esdras, Néhémie, Esther*) et les Prophètes (*Ésaie, Jérémie, Ézéchiel,
Daniel, Osée, Joël, Amos, Abdias, Jonas, Michée, Nahum, Habakuk,
Sophonie, Aggée, Zacharie, Malachie*). Dans le canon hébraïque
ces deux catégories sont fondues en une seule, intitulée *Les Prophètes*, les livres historiques étant considérés comme l'œuvre des
prophètes. Mais on en exclut à juste titre les livres de *Ruth,*
d'*Esdras,* de *Néhémie,* I et II *Chroniques, Esther* et le livre de
Daniel, qui sont rangés dans la catégorie des « Écrits » tout
court (*Ketoubim*).

2. Telle est la véritable prononciation du nom du Dieu d'Israël qui est appelé Jéhovah dans nos Bibles.

nance différentes groupés sous le nom d'un seul et même auteur[1].

Comme, d'autre part, les prophètes sont mêlés de la façon la plus intime aux événements de leur temps et aux destinées de leur peuple, il n'a pas été possible de reconstituer une image fidèle du prophétisme en Israël, avant que la critique historique eût, au préalable, dégagé des études sur l'Ancien Testament une histoire du peuple d'Israël et de sa littérature biblique, susceptible de satisfaire aux exigences de la science moderne. Il a fallu,

---

1. Certains critiques, tels que MM. Ernest Havet et Maurice Vernes, ont été même jusqu'à prétendre que les écrits prophétiques sont de libres compositions datant du IVe au IIe siècle, dans lesquelles d'ardents adorateurs de Jahvéh adressent à leurs contemporains des exhortations religieuses et morales, sous forme de prédications attribuées à des ancêtres. Cette thèse, qui n'a d'ailleurs guère trouvé d'écho parmi les historiens compétents, nous paraît inadmissible. De ce que les livres actuels des prophètes sont des recueils de prophéties utilisés après l'exil de Babylone, il ne résulte pas que les morceaux qui y sont réunis ne soient pas plus anciens que ceux qui les ont utilisés pour l'usage cultuel. Bien au contraire, la plupart de ces morceaux ne répondent, en aucune façon, aux circonstances, aux conditions d'existence, de pensée et de sentiment, du IIIe ou du IIe siècle avant notre ère. Ils n'ont de sens qu'à la condition d'avoir été composés dans le milieu de beaucoup plus ancien auquel ils s'appliquent. Naturellement, la notion du prophétisme hébreu dépend tout d'abord de la solution de cette question d'histoire littéraire.

enfin, éclairer les renseignements trop rares fournis par la Bible sur la religion de l'antique Israël à la lumière que fournit l'histoire des religions, notamment chez les peuples voisins d'Israël. Tous les prophètes, en effet, n'ont pas laissé d'écrits. Les plus anciens ne nous ont rien laissé. Le peu que nous savons à leur sujet ne se peut entendre que par analogie avec ce que nous connaissons ailleurs d'une manière plus détaillée.

Les origines du prophétisme hébreu sont obscures et humbles. Les *nebiim* (pluriel de *nabi*) ne sont ni des prêtres, ni des sorciers. Ils ne pratiquent pas la divination par l'interprétation de signes extérieurs comme les augures ou les haruspices ; ils ne sont attachés à aucun oracle. Ce sont, à l'origine, des possédés, des personnages qui, soit en vertu d'une aptitude naturelle, soit par des moyens artificiels, tels que la musique, la danse, les cris, parviennent à un état d'exaltation telle qu'ils se sentent devenir en quelque sorte d'autres êtres, dominés et entraînés par une puissance supérieure à leur propre volonté et qui n'est autre que celle de leur dieu ; dès lors ce ne sont plus eux qui parlent, c'est l'esprit du dieu qui, s'étant emparé

d'eux, parle par leur bouche. Dans quelques rares passages de l'Ancien Testament on trouve encore les vestiges de cette forme originelle du prophétisme. Voici par exemple ce que dit Samuel à Saül, après lui avoir donné l'onction royale : « Après cela tu arriveras à Guibea-
» Elohim, où se trouve une garnison de Phi-
» listins. En entrant dans la ville tu rencontreras
» une troupe de prophètes descendant du haut-
» lieu, précédés du luth, du tambourin, de la
» flûte et de la harpe, et prophétisant eux-mê-
» mes. L'esprit de l'Éternel te saisira, tu pro-
» phétiseras avec eux et tu seras changé en
» un autre homme » (*I Samuel*, x. 5-6).

Il y a là un phénomène religieux de même ordre que ceux dont l'histoire des religions nous offre de nombreux exemples ailleurs, chez les sauvages où les sorciers s'excitent par des danses pour entrer en relation directe avec les puissances divines, dans les cultes orgiastiques de Dionysos en Thrace, d'Attis en Phrygie, de Mâ en Cappadoce, et ailleurs encore, où les serviteurs du dieu s'exaltent par des mouvements désordonnés, des courses folles, des cris, des chants, voire même par des blessures ou des mutilations, jusqu'à perdre conscience de ce qu'ils font ou de ce qu'ils disent, s'abandonner sans réserve à l'action du dieu en eux et se livrer ainsi complètement à lui. La répulsion que provoquent les actes immoraux inspirés le plus souvent par ces exaltations frénétiques, ne doit pas nous faire méconnaitre leur valeur religieuse. Les débordements sensuels qu'elles ont suscités, en un temps où la morale telle que l'entendent les peuples civilisés n'avait rien à faire avec la religion, n'empêchent pas l'historien de reconnaître en elles l'une des sources les plus fécondes de l'inspiration religieuse et morale. Ce sont les formes primitives de la communion avec les dieux. Si grossières et désordonnées qu'aient pu être les orgies dionysiaques, par exemple, il ne faut pas oublier que c'est de cette frénésie immorale que procède directement le drame grec, c'est-à-dire l'une des plus nobles manifestations du génie humain.

Les *nebiim* ne sont donc en aucune façon le bien propre des Israélites. Ils existent chez les populations cananéennes et on a même pu prétendre que les Israélites les avaient empruntés aux Cananéens. Il y a des prophètes de Baal et d'Astarté en très grand nombre, encore à l'époque d'Achab (IXe siècle). D'après le célèbre récit du premier livre des *Rois* (ch. XVIII, 19, 28 et 29), Élie provoque la réunion, sur le mont Carmel, de 450 prophètes de Baal et de 400 prophètes d'Astarté, et les met au défi de supprimer la sécheresse qui désole le pays : « et » ils crièrent à haute voix, et ils se firent, selon » leur coutume, des incisions avec des épées » et avec des lances, jusqu'à ce que le sang » coulât sur eux ; lorsque midi fut passé, ils » prophétisèrent jusqu'au moment de la pré- » sentation de l'offrande ».

Jahvéh, lui aussi, a ses prophètes, et ceux-ci semblent, eux aussi, avoir formé des groupes, appelés d'un terme impropre « écoles de pro- phètes », qui vivaient sans doute des offrandes que leur apportaient les fidèles. Il est probable que dans leurs crises d'excitation religieuse ils s'entaillaient la figure et les bras, comme ces prophètes de Baal dont nous venons de parler. D'après un très curieux récit du premier livre des *Rois* (XX, 35 et suiv.) le « fils de prophète » qui reçoit mission de reprocher à Achab sa mansuétude à l'égard de Ben-Hadad, roi de Syrie, se fait blesser au front avant de paraître devant lui et découvre subitement sa blessure qu'il avait préalablement recouverte d'un bandeau, pour convaincre le roi de sa qualité de prophète. La limite entre la possession par la divinité et la folie était si difficile à reconnaître qu'à mainte reprise les prophètes sont traités de « fous » par leurs contemporains (*II Rois*, ix, 11; *Osée*, ix, 7; *Jérémie*, xxix, 26).

Dès la haute antiquité il semble y avoir eu, à côté des groupes ou bandes de prophètes qui s'excitaient réciproquement par une sorte de contagion sacrée, des organes de Jahvéh qui opéraient individuellement, d'une façon plus calme, en tous cas moins orgiastique. A côté du *nabi* il y avait le *rôeh*, le voyant. On a voulu établir une séparation complète entre ces deux ordres de personnages, mais sans raisons suffisantes. Ce sont des êtres de même famille. Comme il est dit dans I *Samuel*, ix, 9 : « Au- » trefois en Israël, quand on allait consulter » Dieu, on disait : Venez et allons au voyant ! » car celui qu'on appelle aujourd'hui *nabi* s'ap- » pelait autrefois *rôeh* ». Cette réflexion du rédacteur de ces anciens récits prouve qu'il n'y avait pas, dans les documents qu'il connaissait, de différence bien tranchée entre les deux termes. Samuel, le voyant que Saül va consulter pour retrouver les ânesses perdues de son père, est au mieux avec les prophètes et passe pour avoir fondé leurs « écoles ».

Mais si, à l'origine, le Jahvisme a eu ses prophètes, semblables à ceux des Baals cananéens, il a complètement transfiguré cette institution cananéenne. Tout comme les Grecs ont épuré les fureurs orgiastiques des fêtes dionysiaques, jusqu'à en faire jaillir la sublime inspiration de leurs grands tragiques, les adorateurs de Jahvéh, en Israël, ont fait de la possession prophétique la source de la plus belle et de la plus sainte inspiration religieuse et morale. C'est cette évolution dont il est essentiel de saisir la nature et le développement.

*
* *

Les prophètes de Jahvéh prennent naturellement fait et cause pour le culte de leur dieu. Or, Jahvéh n'est pas un dieu de même nature que les Baals cananéens. Ce n'est pas (du moins à l'époque historique) un dieu de la nature, de la fécondité, du ciel, du soleil ou de tout autre phénomène terrestre ou céleste. Jahvéh est le Dieu d'Israël, celui qui a fait alliance avec les Israélites, non pas avec telle ou telle famille, tribu ou localité, mais avec tous les enfants d'Israël. Il est le dieu national, le dieu fédéral, si l'on peut s'exprimer ainsi, celui qui, chez ces populations pour lesquelles tout fait social a un caractère religieux, est le lien qui les unit. Jahvéh n'est pas encore le Dieu unique, créateur des cieux et de la terre, qu'il sera dans le Judaïsme postérieur ; les Israélites ne sont pas encore monothéistes. Ils reconnaissent l'existence d'autres dieux et ils ne se font pas défaut de leur rendre hommage. Mais parmi tous les dieux Jahvéh est le dieu spécial des tribus israélites, leur patron et leur protecteur. Il a fait alliance avec elles. Alors même, en effet, que le récit de l'alliance au Sinaï sous sa forme actuelle est de rédaction tardive, l'idée même de l'alliance entre Jahvéh et son peuple est fondamentale et domine toute l'histoire d'Israël. Jahvéh protège Israël et Israël doit adorer Jahvéh. Celui-ci est un dieu jaloux qui n'admet pas d'être adoré en même temps que d'autres dieux. Aux yeux de ses fidèles, le peuple d'Israël est semblable à un homme qui n'a qu'une seule femme légitime ; s'il a des relations avec d'autres femmes, ce ne peut être qu'à titre de concubines, ou d'amies passagères ; aucune d'elles n'est considérée comme épouse régulière ; et à mesure que la notion de la famille s'épure, à mesure que l'idéal monogamique se dégage, à mesure aussi le devoir de fidélité exclusive à la seule épouse légitime s'impose avec plus de rigueur.

La nature particulière de ce Dieu — qui s'affirme et se précise au cours des luttes incessantes entre les Israélites et les populations menaçant leur indépendance — détermine l'action de ses serviteurs. Le patriotisme national (et non pas simplement local) est étroitement associé à son culte. Son service comporte le renoncement aux intérêts particuliers de l'individu, de la famille, voire même de la tribu, pour se consacrer au bien de la collectivité, de la fédération des tribus, de la nation. Les meilleurs de ses serviteurs par excellence, les prophètes, qui parlent lorsqu'ils sont possédés par son esprit, seront donc nécessairement les défenseurs les plus ardents du patriotisme national et de la consécration au bien public. Qu'ils prennent à cœur les intérêts de leur dieu, c'est là chose naturelle et qui se retrouve partout ailleurs. Mais ce qui leur est particulier, c'est que dès le début la cause qu'ils servent a un

caractère national, patriotique et moral, en
même temps que religieux. Aussi est-ce surtout aux époques de crise nationale que nous
les voyons à l'œuvre.

Tel est bien déjà le caractère de Samuel, qui
passe pour avoir fondé des sociétés de prophètes jahvistes : « En ce temps-là, il n'y avait
» point de roi en Israël ; chacun faisait ce qui
» lui semblait bon (*Juges*, XXI, 25); la parole de
» l'Éternel était rare en ce temps-là, et il n'y
» avait pas beaucoup de révélations » (*I Samuel*,
III, 1). Samuel ranime l'esprit prophétique, réta-
blit l'union entre les tribus divisées, leur donne
un roi au nom de Jahvéh et répare ainsi les
désastres que leur avaient infligés les Philistins.
L'unité nationale l'emporte sur l'instinct d'indépendance hérité des ancêtres nomades et la
concentration patriotique va de pair avec une
renaissance du Jahvisme.

L'histoire de Salomon et celle des rois d'Israël et de Juda suffit à prouver que cette renaissance jahviste est encore très éloignée du monothéisme exclusif. Mais la prédication des prophètes de Jahvéh tendra sans cesse à faire prévaloir son culte sur tous les autres et ne cessera
pas de présenter la fidélité au dieu natio-

nal comme la condition de la grandeur et de la prospérité du peuple qui a fait alliance avec lui. « Jusques à quand clocherez-vous des deux » côtés ? » s'écrie Élie, en parlant aux sujets du roi Achab : « Si l'Éternel est Dieu, allez après » lui ; si c'est Baal, allez après lui » (*I Rois*, XVIII, 21). Et, à force de soutenir que les enfants d'Israël ne doivent en adorer aucun autre, les autres dieux finiront par être si bien abaissés qu'il n'en restera plus rien. Ils seront réduits à néant ; ils n'existent pas ; ce ne sont pas des dieux. Jahvéh seul est Dieu. Le monothéisme en Israël n'est pas, comme en Grèce, le fruit de la réflexion philosophique. Il est le résultat de la glorification exclusive du dieu national par ses prophètes, après une lutte séculaire traversée par toutes sortes de péripéties tragiques. Avant que cette évolution soit achevée le royaume d'Israël sera détruit. Même en Juda on ne peut pas dire que le triomphe du monothéisme sous Josias, à la fin du VIIe siècle, soit définitif. Il ne prévaut sans contestation que dans l'exil de Babylone, parmi les petits groupes de fidèles, qui ne se consolent pas d'avoir perdu leur patrie et leur sanctuaire national et qui, au VIe et au Ve siècle, rentrent en Judée pour reconstituer ce que l'on peut appeler indifféremment la *nation* ou l'*église* juive.

Un second caractère de la prédication prophétique, qui se rattache étroitement au précédent, c'est l'hostilité à l'égard des cultes fastueux et de l'idolâtrie. Jusqu'à l'époque d'Ézéchias (725-696) Jahvéh est adoré sur les hauts lieux, tout comme les dieux cananéens, et représenté sous la forme d'un jeune taureau. A Jérusalem même, dans le temple national de Jahvéh, on brûle des parfums devant le serpent d'airain (*II Rois*, xviii, 4). Mais les prophètes sont mal disposés pour le luxe des sanctuaires et la prodigalité des sacrifices. Jahvéh est à l'origine un dieu du désert. Ses plus fidèles adorateurs ont hérité de l'aversion du Bédouin pour les représentations plastiques, œuvres de l'art et de l'industrie de populations étrangères plus civilisées et sédentaires. Longtemps Jahvéh n'a pas eu de temple solennel. Des pierres sacrées, des autels rustiques, d'anciens fétiches devenus symboles, conviennent mieux à la célébration de son culte que les temples luxueux et les rituels compliqués. L'aversion jahviste pour les cultes étrangers, où l'on se complaît aux fêtes brillantes et sensuelles, for-

tifie encore l'instinct iconoclaste des prophètes
de Jahvéh. A mesure qu'ils font prévaloir le
culte de leur dieu, à mesure aussi ils s'efforcent
de faire disparaître, non seulement les idoles
consacrées aux divinités étrangères, mais égale-
ment tout ce qu'il y a encore d'idolâtrique dans
le culte populaire de Jahvéh. Le monothéisme
islamique fera de même plus tard.

*
* *

Mais voici le fait capital : à côté des groupes
ou sociétés de prophètes qui pratiquent l'exaltation religieuse, naturelle ou factice, en
quelque sorte comme une profession, à côté des
voyants vulgaires que l'on vient consulter pour
connaître les choses cachées, pour avoir des
pronostics, des conseils ou des directions,
nous avons déjà vu apparaître de bonne heure
en Israël des individualités prophétiques. Parmi
ceux-là il en est qui se sentent contraints en
quelque sorte malgré eux à parler au nom de
Jahvéh, non plus pour répondre à qui vient
les consulter ou pour donner satisfaction à qui
les paye, mais pour proclamer la volonté de
Jahvéh devant leurs compatriotes peu désireux
de les entendre, pour être ses organes et ré-

clamer de sa part, d'abord sans doute l'obser-
vation des obligations cultuelles que le dieu a
imposées à son peuple, mais ensuite et surtout
le respect des clauses morales de l'alliance, sans
lesquelles celle-ci ne peut pas se maintenir. Ce
sont ces hommes-là que l'on désigne en général
sous le nom de « prophètes d'Israël », sans
songer aux autres, parce que ce sont les seuls
sur lesquels nous soyons quelque peu rensei-
gnés, les seuls dont la Bible nous ait conservé
la parole. Mais en réalité ce furent des excep-
tions. Ils furent presque toujours en butte à
l'animosité de leurs contemporains, comme le
sont les réformateurs de tous les temps, et il
semble même qu'ils aient été le plus souvent
mal vus des autres prophètes, de ceux qui
pratiquaient le prophétisme comme un métier.

Chez eux nous ne retrouvons plus l'excitation factice, provoquée par le luth ou le
tambourin, ni la possession frénétique par
l'esprit du dieu, comme dans les sociétés des
prophètes jahvistes ou chez les prophètes de
Baal. Assurément ils affectionnent encore,
surtout les plus anciens, une certaine bizarrerie
dans leur apparition extérieure et une certaine
exaltation de langage. Mais la force qui les

fait parler et agir ne procède plus de l'ivresse physique. C'est l'obsession d'une pensée, qui s'impose à leur esprit avec une telle puissance qu'ils ne peuvent se soustraire au sentiment qu'elle leur est inspirée directement par Jahvéh; c'est une grande vérité morale qui s'est emparée de leur âme et qui les contraint à la proclamer comme une révélation d'origine divine ; c'est leur conscience faisant explosion sous les coups répétés de l'indignation provoquée par le triomphe insolent de l'injustice; c'est l'amour ardent de leur peuple et de leur dieu, confondus dans une même passion désintéressée, qui les pousse comme une force surhumaine à braver la colère des puissants et la malveillance aveugle de la foule pour dénoncer les pratiques coupables, les abus de pouvoir, les iniquités de toute nature, les erreurs délétères, tout ce qui détourne le peuple de Jahvéh de sa véritable mission et compromet irrémédiablement son avenir.

Les plus anciens souvenirs de ces individualités prophétiques ne nous sont parvenus que dans des récits, où il est fort difficile de dégager le témoignage véritablement historique, des embellissements de la légende populaire ou des appropriations édifiantes opérées par les rédacteurs des livres historiques de l'Ancien Testament. Nathan, déjà, vient trouver le puissant roi David pour lui reprocher sa conduite indigne à l'égard d'Uri et lui annoncer la punition de Jahvéh (*II Samuel*, xii, 1-23). Élie décrète la colère du Dieu d'Israël contre Achab et Jésabel qui ont dépouillé Naboth de sa vigne (*I Rois*, xxi).

Le premier sur lequel nous ayons des renseignements sûrs et dont un écho direct nous soit parvenu, c'est *Amos*, le berger de Tekoa, le contemporain de Jéroboam II, roi d'Israël (825-775). Au milieu des fêtes brillantes de Béthel (*Amos*, vii, 10-15) Amos vient annoncer la mort et la destruction au nom de Jahvéh, parce qu'il n'y a pas de justice ni de piété :

Ils ont vendu le juste pour de l'argent,
Et le pauvre pour une paire de souliers.   [misérables,
Ils aspirent à voir la poussière de la terre sur la tête des
Et ils violent le droit des malheureux.
Le fils et le père vont vers la même fille,
Afin de profaner mon saint nom.   [pris en gage,
Ils s'étendent près de chaque autel sur des vêtements

Et ils boivent dans la maison de leurs dieux le vin de
[ceux qu'ils condamnent.
Et pourtant j'ai détruit devant eux les Amorréens.

. . . .

J'ai suscité parmi vos fils des prophètes,
Et parmi vos jeunes hommes des nazaréens.
N'en est-il pas ainsi, enfants d'Israël ? dit l'Éternel....
Et vous avez fait boire du vin aux nazaréens [1]!
Et aux prophètes vous avez donné cet ordre :
Ne prophétisez pas !
Voici je vous écraserai,
Comme écrase un chariot rempli de gerbes....

(*Amos*, ii, 6, 8, 11-13.)

Et plus loin, voici les paroles que Jahvéh
prononce par la bouche d'Amos :

Je hais, je méprise vos fêtes,
Je ne puis sentir vos assemblées.   [offrandes,
Quand vous me présentez des holocaustes et des
Je n'y prends aucun plaisir ;   [grâces,
Et les veaux engraissés que vous sacrifiez en actions de
Je ne les regarde pas.
Éloigne de moi le bruit de tes cantiques ;
Je n'écoute pas le son de tes luths.
Mais que la droiture soit comme un courant d'eau,

---

1. Le Nazaréen ou nâzîr, c.-à-d. celui qui avait fait vœu de
« naziréat » devait d'abstenir de vin ou de toute boisson eni-
vrante et laisser croître ses cheveux.

Et la justice comme un torrent qui jamais ne tarit.
M'avez-vous fait des sacrifices et des offrandes
Pendant les quarante années du désert, maison d'Israël?
Emportez donc la tente de votre roi,
Le piédestal de vos idoles,
L'étoile de votre dieu
Que vous vous êtes fabriqué !
Et je vous emmènerai captifs au-delà de Damas,
Dit l'Éternel, dont le nom est le dieu des armées.

(v, 21-27.)

Cinquante ans plus tard, à la veille du jour où la menace de destruction proférée par Amos contre le royaume d'Israël va être réalisée par le conquérant assyrien, *Osée* reprend la même thèse. Mais à côté de la condamnation prononcée sur le peuple infidèle et sur les prévaricateurs de la justice, apparaît déjà la note miséricordieuse, qui ne cessera dès lors de retentir, avec plus ou moins de force, dans la prédication des prophètes, la promesse du pardon divin et du relèvement pour le peuple repentant et réconcilié avec Jahvéh. L'Éternel, comparant son peuple d'Israël à une épouse infidèle et prostituée, confond son iniquité, mais il ne la repousse pas pour toujours :
« Voici, je veux l'attirer et la conduire au désert,

« et je parlerai à son cœur »..... (*Osée*, ii, 16).

> Que ferai-je de toi, Ephraïm ?
> Dois-je te livrer, Israël ?

. . . .

> Mon cœur s'agite au-dedans de moi,
> Toutes mes compassions sont émues.
> Je n'agirai pas selon mon ardente colère,
> Je renonce à détruire Ephraïm ;
> Car je suis Dieu, et non pas un homme,
> Je suis le Saint au milieu de toi ;
> Je ne viendrai pas avec colère.

(*Osée*, xi, 8-9.)

Et ailleurs :

> Et toi reviens à ton Dieu,
> Garde la piété et la justice
> Et espère toujours en ton Dieu.

(xii, 7.)

*
* *

Toute la prédication des prophètes est déjà là, dans ces vieilles paroles d'Amos et d'Osée, dès le VIIIe siècle avant Jésus-Christ. C'est dans la conscience de ces humbles serviteurs de Jahvéh que plonge la racine sur laquelle pousseront les grandes religions monothéistes : le Judaïsme, le Christianisme et l'Islamisme.

Et ce qu'il y a de meilleur, de plus religieux, de plus bienfaisant en elles est déjà en germe dans le message qu'ils apportent : la souveraineté absolue d'un Dieu moral, le culte véritable consistant dans la vie conforme à la volonté de ce Dieu; l'assurance du triomphe nécessaire de la justice, l'obligation sainte de se consacrer à son service, la promesse du pardon et du relèvement pour le pécheur repentant.

Certes, la distance est grande entre cette prédication des grandes individualités prophétiques d'Israël et celle des écoles de prophètes, qui parlent pour de l'argent ou pour complaire aux clients qui les consultent. Et cependant l'une est sortie de l'autre, comme la haute inspiration religieuse et morale d'un Aeschyle ou d'un Sophocle est sortie des ivresses des fêtes bachiques. Dans l'un comme dans l'autre cas, le sentiment d'être possédé par l'esprit du Dieu devait aboutir à faire prévaloir dans l'âme des enthousiastes la conscience de la souveraineté de leur inspiration individuelle. Ils se savent les interprètes de leur Dieu ; quand de l'abondance du cœur leur bouche parle, ce ne sont pas eux qui parlent, c'est l'esprit de Dieu qui les contraint à se mettre à son service. Et quand ce Dieu dont ils se sentent les organes est un être moral comme le Jahvéh d'Israël, les causes qu'il commet à leur garde sont, de par sa nature même, des causes morales. Jahvéh, nous l'avons vu, est le dieu de l'alliance pour le peuple d'Israël dans son ensemble. C'est le peuple qu'il protège, non pas le roi ou le prêtre ; l'alliance est antérieure à la royauté ou au sacerdoce. Rois et prêtres en Israël ne sont pas, comme ailleurs, ses incarnations, mais ses agents, ses instruments. Quand ils prétendent le confisquer à leur profit, ils commettent un abus et une impiété, car Jahvéh protège au même titre tous les membres de l'alliance. Lorsque les rois, les grands, les puissants font tort aux pauvres ou aux faibles, ils font tort à des membres de la nation protégée par Jahvéh ; ils encourent la punition divine. C'est la notion même de Dieu qui, là comme partout ailleurs, détermine les inspirations qu'il provoque dans l'âme de ses fidèles. Les prophètes d'Israël censurent indistinctement rois, prêtres ou populace. Ils parlent au nom d'un magnifique idéal de justice, de sainteté et de miséricorde et, pour faire triompher la parole de Dieu, ils n'ont d'autre arme que la persuasion. Ce sont des consciences parlant à des consciences.

Voilà ce qui, en dehors de toute considération confessionnelle et de tout surnaturel, constitue leur originalité et leur incomparable grandeur dans l'histoire. Ils sont de leur temps assurément par leur faible développement intellectuel, leurs doctrines, l'étroitesse relative de leur horizon terrestre, par les applications à nos yeux souvent contestables qu'ils font de leurs principes ; — l'idéal moral et religieux qui les inspire est de tous les temps et rayonne encore aujourd'hui sur le monde comme le phare lointain d'un port que l'humanité n'a pas encore atteint.

*
* *

C'est justement parce que ce prophétisme, que l'on peut appeler « supérieur » pour le distinguer du prophétisme vulgaire, représente en Israël un idéal très élevé, qu'il se trouve continuellement en conflit avec la réalité. Les grands inspirés de Jahvéh en appellent sans cesse à un avenir qui ne se réalise jamais. Certes les menaces qu'ils profèrent contre le peuple infidèle et contre ses chefs iniques ont été ratifiées par les événements, sinon sous la forme qu'ils avaient annoncée, du moins pour le fond : ces idéalistes, que leurs contemporains traitent volontiers de fous, voient les choses de haut et ont souvent plus de perspicacité que le bon sens vulgaire de ceux qui les raillent. Le royaume d'Israël a été détruit, comme l'annonçait Amos. Mais le relèvement promis par Osée ne s'est jamais produit : Israël a disparu du milieu des nations.

Juda échappa à la destruction par les Assyriens, grâce à la politique habile du roi Achaz, qui comprit que le salut était dans une alliance avec la grande puissance militaire du Nord. Dès lors, c'est dans le tout petit royaume de Juda que se rencontre l'activité prophétique. Mais si la scène se rétrécit, l'horizon s'élargit. L'expérience faite en Israël n'a pas été perdue. Avec le premier *Ésaïe*[1] le prophétisme prend une orientation nouvelle. Comme ses prédécesseurs, Ésaïe dénonce les péchés de son

1. Le recueil de prophéties qui porte dans la Bible le nom unique d'Ésaïe ou Isaïe, comprend en réalité des fragments de prédications prophétiques émanant de plusieurs prophètes. Les deux principaux sont : le contemporain d'Achaz, roi de Juda, à la fin du VIIIe siècle, que l'on appelle « le premier Ésaïe », et le grand anonyme qui chanta la délivrance de son peuple aux approches de Cyrus et vit la chute de Babylone en 536, « le second Ésaïe ».

peuple et le culte purement rituel rendu à Jahvéh :

Qu'ai-je affaire de la multitude de vos sacrifices? dit
[l'Éternel.
Je suis rassasié des holocautes de béliers et de la
[graisse des veaux;
Je ne prends point plaisir au sang des taureaux, des
[brebis et des boucs.
Quand vous venez vous présenter devant moi,
Qui vous demande de souiller mes parvis?
Cessez d'apporter de vaines offrandes :
J'ai en horreur l'encens,
Les nouvelles lunes[1], les sabbats et les assemblées,
Je ne puis voir le crime s'associer aux solennités.

. . . .

Quand vous multipliez les prières, je n'écoute pas.
Vos mains sont pleines de sang.
Lavez-vous, purifiez-vous,
Otez de devant mes yeux la méchanceté de vos actions;
Cessez de faire le mal.
Apprenez à faire le bien, recherchez la justice,
Protégez l'opprimé;
Faites droit à l'orphelin,
Défendez la veuve.
Venez et plaidons! dit l'Éternel.

1. Cérémonies religieuses célébrées à l'occasion de chaque nouvelle lune. Le calendrier était lunaire chez les Israélites.

Si vos péchés sont comme le cramoisi, ils deviendront
          [blancs comme la neige ;
S'ils sont rouges comme la pourpre, ils deviendront
          [comme la laine.
Si vous avez de la bonne volonté et si vous êtes dociles,
Vous mangerez les meilleures productions du pays ;
Mais si vous résistez et si vous êtes rebelles,
Vous serez dévorés par le glaive,
Car la bouche de l'Éternel a parlé.

           (*Ésaïe*, I, 11-20.)

Mais chez lui la prophétie prend un tour plus mystique et plus spécifiquement religieux. Il a connaissance de la force écrasante des Assyriens, bien supérieure à celle des voisins avec lesquels Israël et Juda ont lutté jusqu'alors. Il sait que le petit peuple de Juda ne peut pas songer à triompher de pareils adversaires par ses propres ressources. Les fidèles de Jahvéh ne doivent donc pas mettre leur confiance dans leurs forces militaires ni dans leurs habiletés politiques, mais uniquement en la protection de Jahvéh. Ces Assyriens si redoutables lui apparaissent comme les instruments de l'Éternel. Ils ont détruit Israël. En Juda aussi les méchants et les infidèles périront, mais il subsistera un petit groupe de fidèles, pieux et justes, et ce petit peuple de Dieu est destiné à faire briller la vérité et la justice dans le monde, à fonder le règne de Jahvéh dans l'humanité.

Voilà qui dépasse singulièrement le cadre étroit du prophétisme antérieur ! La philosophie de l'histoire, cette grande pensée du Judaïsme, fait ici son apparition. Le monothéisme prophétique commence à porter ses fruits. La porte de l'universalisme religieux s'entr'ouvre. Les autres peuples entrent à leur tour dans le champ de vision du prophète. Ils sont eux aussi régis par la volonté de Jahvéh. Instruments de ses pensées, ils se font insciemment les exécuteurs de ses arrêts. Quoique le prophète concentre encore toute sa sollicitude sur l'avenir du peuple de l'alliance et même sur une petite portion de ce peuple qui sera vraiment la nation de l'Éternel, on entrevoit déjà le moment où les continuateurs de cette vision prophétique appelleront les autres nations à participer, elles aussi, autour du peuple élu à la félicité du règne de Jahvéh [1].

---

1. Si l'on pouvait attribuer au premier Ésaïe le beau morceau du ch. II, 2-4, où toutes les nations affluent à la maison de l'Éternel, il y aurait lieu de faire déjà hommage de cette proclamation de l'universalisme religieux à ce prophète. Mais il est fort douteux que ces paroles qui se retrouvent dans les prophéties de *Michée* (IV 1, et suiv.) soient de lui.— Voir aussi XI, 10.

Mais en même temps l'insouciance des conditions de la vie positive s'accentue. L'assurance du triomphe final de la justice est plus vive que jamais. L'espérance de l'avenir meilleur s'affirme dans une sereine éloquence, mais déjà elle s'élève dans ces sphères de la foi, où les contingences de la réalité se perdent dans le mystère. Comment ce petit peuple de fidèles pourra-t-il subsister ? Le prophète n'en a cure. Dieu y pourvoira. La montagne de l'Éternel est inviolable. Le concours de circonstances qui, à deux reprises, sauva Jérusalem de la destruction, une première fois lorsque Sargon mit un terme à l'existence du royaume d'Israël (vers 720), une seconde fois lorsque Sanchérib se retira subitement au moment d'investir la ville sainte (701), a pu suggérer à Ésaïe cette assurance mystique d'une protection divine garantissant la montagne sacrée contre toute violation. Mais il y a plus. C'est la foi même en la souveraineté de Jahvéh qui implique la certitude de son triomphe, dans le monde entier aussi bien que dans le sein du peuple de Juda, et qui porte en germe le recours aux interventions surnaturelles.

Tandis que les événements semblaient ainsi

consacrer la cause prophétique à l'extérieur, le règne d'Ézéchias (725-697) lui apportait à l'intérieur un concours inespéré. Pour la première fois un roi était disposé à donner satisfaction aux réclamations des prophètes contre les cultes concurrents de celui de Jahvéh et contre l'idolâtrie dans le Jahvisme lui-même. Cette première tentative de réforme fut suivie d'une réaction en sens contraire sous Manassé (697-642). Avec Josias (639-609) les réformateurs prennent leur revanche. Le prêtre Hilkia trouve dans le temple de Jérusalem une loi écrite — qui n'est autre, semble-t-il, que le noyau de notre *Deutéronome* — le chancelier Schaphan la porte au roi, la prophétesse Hulda atteste que c'est bien duement la parole de l'Éternel. Cette loi, que ni Ézéchias, ni Ésaïe, ni Michée n'ont connue, est évidemment de rédaction récente. Josias, très impressionné par la découverte, s'empresse de se conformer à ses prescriptions. Il détruit les hauts lieux, purifie le temple de Jérusalem, pourchasse l'idolâtrie. La loi nouvelle que tout le peuple s'est engagé à observer, est un renouvellement de l'alliance entre Jahvéh et son peuple. Elle fait une large part à l'élément moral de la religion prophétique, aux lois sociales et humanitaires, mais elle est née dans le temple ; elle a été trouvée par un prêtre ; il n'est donc pas étonnant qu'elle ait aussi un caractère rituel accentué. Elle consacre le triomphe du seul temple de Jérusalem sur tous les autres sanctuaires, même celui de Béthel et, par le fait, elle assure la suprématie du sacerdoce de Jérusalem. Elle est en réalité l'œuvre d'une coalition du parti des prophètes et de l'élément sacerdotal de la capitale.

La réalisation d'une grande pensée réformatrice répond rarement d'une façon complète aux intentions de ceux qui l'ont conçue et préparée. Les réformateurs sont obligés de composer avec les préjugés ou les intérêts de la société qu'ils veulent régénérer ; la hardiesse de leur initiative provoque une réaction des tendances contraires qui ne se laissent pas déposséder sans résistance, et la crise s'achève en une résultante de ces éléments multiples bien plutôt qu'en une réalisation intégrale de l'idée qui l'a provoquée. Il en a été ainsi de la Réformation du XVIe siècle et de la Révolution française. Il en fut de même de la grande réforme opérée en Juda à la fin du VIIe siècle avant notre ère. La victoire obtenue par le parti des prophètes, avec le concours du sacerdoce local de Jérusalem, devait profiter au sacerdoce bien plus qu'à l'esprit prophétique. Elle contenait en germe la suprématie du prêtre, le règne du rite, c'est-à-dire tout juste le contraire de la libre inspiration de la conscience individuelle qui est l'essence même du prophétisme supérieur. De plus, en consignant la révélation de Jahvéh dans un texte écrit, en la fixant dans la lettre d'une loi, la réforme opérée par Josias inaugurait au sein du Jahvisme la religion du livre, le culte de la lettre greffé sur celui du rite, et préparait ainsi au prophétisme un autre adversaire non moins redoutable. Son triomphe apparent était en réalité le présage de sa décadence.

*
* *

Mais n'anticipons pas sur les événements. Les conséquences que nous signalons ne se firent sentir que beaucoup plus tard. Des circonstances tragiques devaient au préalable troubler profondément le cours de l'évolution historique du peuple de Juda et permettre au prophétisme de jeter un nouvel et suprême éclat sur l'histoire religieuse du monde.

Ce qui prouve bien que les plus clairvoyants parmi les prophètes ne furent pas dupe de la réforme de Josias, c'est l'attitude du plus grand prophète de cette époque, peut-être le plus remarquable de tous, *Jérémie*. Il ne semble avoir été pour rien dans l'élaboration de la loi écrite et en tous cas il ne s'en prévaut nulle part dans ses prophéties qui nous ont été conservées. En réalité, pour la masse populaire, il n'y avait eu guère autre chose qu'une réforme rituelle, la substitution de certaines pratiques à d'autres. S'il faut en juger précisément d'après les prédications de Jérémie, le peuple de Juda continue à se rendre coupable d'impiétés, d'iniquités, d'impuretés multiples. On ne crée pas, en effet, la moralité ni la piété à coups de décrets ; c'est là l'éternelle erreur des serviteurs de la lettre écrite, qu'ils soient législateurs, prêtres ou scribes. Elles ne se propagent vraiment et d'une façon efficace que par la persuasion, par cette sainte contagion du bien, de la justice et de l'amour, qui puise dans leur beauté même la vertu de son action. La loi punit le mal, prévient les dommages qu'il cause à la société ; elle est impuissante à engendrer la vie.

C'est là justement ce que Jérémie a senti et

ce qu'il a été le premier à proclamer ouverte-
ment avec une incomparable grandeur, dans
un langage d'une poésie sublime. Comme ses
prédécesseurs il stigmatise les fautes du peuple
de Jahvéh et annonce la punition divine qui va
le frapper. Il n'en est plus, comme Ésaïe, à
s'illusionner sur le caractère inviolable de la
montagne sainte à Sion (*Jérémie*, VII). Josias,
battu par les Égyptiens, a été tué ; le désordre
règne à Jérusalem ; les armées de Babylone,
déjà menaçantes, ne tardent pas à s'abattre sur
la Judée. Le petit peuple de Juda agonise. Jérémie est le contemporain de la déportation.
La nation infidèle subit à son tour, comme jadis
Israël, les effets des jugements de Jahvéh pro-
clamés par ses messagers. Prophète de malheur
Jérémie a plus de raisons encore de l'être que
les autres. Mais il ne se borne pas à se lamenter
et à menacer. Au fond même de l'abîme il garde
l'espérance invincible de ses prédécesseurs en
un avenir meilleur, et cette espérance, il la
purifie, il la spiritualise, il la transpose dans
les sphères idéales de la vie morale. Se consi-
dérant lui-même, en sa qualité de messager de
Jahvéh, comme une sorte d'intercesseur plai-
dant auprès de son Dieu la cause de son peuple

comme auprès du peuple la cause de Dieu, i
réclame moins directement la réforme du peu
ple dans son ensemble, c'est-à-dire une réform
sociale, que la conversion individuelle, la ré
forme intérieure du cœur et de la conscienc
de chacun, et il prophétise l'avènement d'u
âge meilleur, où la loi de Dieu sera écrite dan
le cœur de tout homme, une nouvelle allianc
toute intérieure, toute morale et qui ne ser
plus seulement le bien propre du peuple de Juda
mais qui rayonnera sur toute la terre. Jamai
l'espérance en la réalisation définitive de l'idé
au sein de l'humanité ne s'est affirmée, dans de
circonstances aussi tragiques, avec une auss
puissante assurance :

Voici, les jours viennent, dit l'Éternel,
Où je ferai avec la maison d'Israël et la maison de Jud
Une alliance nouvelle,
Non comme l'alliance que je traitai avec leurs pères,
Le jour où je les saisis par la main,
Pour les faire sortir du pays d'Égypte,
Alliance qu'ils ont violée,
Quoique je fusse leur maître, dit l'Éternel
Mais voici l'alliance que je ferai avec la maison d'Israë
Après ces jours-là, dit l'Éternel :
Je mettrai ma loi au dedans d'eux,

Je l'écrirai dans leur cœur ;
Et je serai leur Dieu,
Et ils seront mon peuple.
Celui-ci n'enseignera plus son prochain,
Ni celui-là son frère en disant :
Connaissez l'Éternel !
Car tous me connaîtront,
Depuis le plus petit jusqu'au plus grand, dit l'Éternel ;
Car je pardonnerai leur iniquité,
Et je ne me souviendrai plus de leur péché.

(*Jérémie*, XXXI, 31-34 ; voir aussi : XXXIII, 7-9.)

*
* *

Jérusalem est détruite (9 juillet 586). Tous les habitants valides ont été emmenés en exil en Babylonie. Il ne reste plus sur les montagnes désolées de Juda que des vieillards, des infirmes, des impuissants. Il semble que c'en soit fait du peuple de Juda, comme 150 ans plus tôt du peuple d'Israël.

L'exil, on le sait, n'eut pas raison de la ténacité des fidèles de Jahvéh. A la fin du VIe et jusqu'au milieu du Ve siècle, après la destruction de Babylone par Cyrus (536), ils rentrèrent dans leur patrie dévastée, reconstruisirent le temple de Jérusalem, se reconstituèrent en nation et fondèrent ce peuple juif, qui dès lors devait être capable de résister à tous les exodes, à toutes les dispersions, à toutes les persécutions, sans jamais se laisser anéantir. Cette vitalité, unique dans l'histoire, c'est aux prophètes que le peuple de Jahveh la doit.

A Babylone il n'y a plus de temple ni de culte rituel, plus de roi, plus d'organisme politique. Le seul lien qui puisse retenir ensemble les exilés, c'est le lien religieux, la fidélité persistante au Dieu de l'alliance, la confiance indomptable des prophètes au triomphe nécessaire de la justice. Un triage s'opère évidemment parmi les exilés : les uns se font à leurs nouvelles conditions d'existence et se perdent dans la population mélangée de la grande ville ; les autres, probablement la minorité, se raidissent dans leur foi nationale, qui mûrit sous l'ardent soleil de l'épreuve.

Deux hommes nous apparaissent comme les représentants autorisés du prophétisme parmi les exilés : *Ézéchiel* et le grand anonyme auquel on a donné le nom de *second Ésaïe*. Chez l'un comme chez l'autre nous retrouvons les mêmes caractères fondamentaux de la parole prophétique, déjà mainte fois signalés chez leurs prédécesseurs,

Ézéchiel est moins lyrique, moins purement spiritualiste que Jérémie. Il parle moins au cœur et à la conscience ; sa langue est moins belle, son imagination plus sombre. Il est plus attaché au culte rituel de Jahvéh. L'espoir au rétablissement d'Israël implique, en effet, tout d'abord la restauration du sanctuaire national, qui apparaît dès lors dans les visions de l'avenir comme le foyer même de la vie nationale. Pourquoi rentrer en Judée, sinon pour y établir désormais dans toute sa pureté le culte du Dieu de l'alliance ? Par le fait même Ézéchiel a des dispositions plus sacerdotales que les pro. phètes dont nous avons parlé jusqu'à présent. Il est vraiment l'héritier de ceux qui ont opéré la réforme de Josias. D'autre part, les conditions de son peuple à l'époque où il parle sont tellement désespérées que, plus encore que les autres, il ne peut compter pour la réalisation de ses prophéties que sur l'intervention miraculeuse de Jahvéh. Son langage prend déjà le caractère visionnaire qui se développera plus tard dans la prédication apocalyptique :

La main de l'Éternel fut sur moi et l'Éternel me transporta en esprit, et me déposa dans le milieu d'une vallée remplie d'ossements. Il me fit passer auprès d'eux, tout autour ; et voici, ils étaient fort nombreux à la surface de la vallée, et ils étaient complètement secs.

Il me dit : Fils de l'homme, ces os pourront-ils revivre ? Je répondis : Seigneur Éternel, tu le sais.

Il me dit : Prophétise sur ces os, et dis-leur : Ossements desséchés, écoutez la parole de l'Éternel ! Ainsi parle le Seigneur, l'Éternel, à ces os : Voici, je vais faire entrer en vous un esprit, et vous vivrez ; je vous donnerai des nerfs, je ferai croître sur vous de la chair, je vous couvrirai de peau, je mettrai en vous un esprit, et vous vivrez. Et vous saurez que je suis l'Éternel.

Je prophétisai, selon l'ordre que j'avais reçu. Et comme je prophétisais, il y eut un bruit, et voici, il se fit un mouvement, et les os s'approchèrent les uns des autres. Je regardai, et voici, il leur vint des nerfs, la chair crût, et la peau les couvrit par-dessus ; mais il n'y avait point en eux d'esprit.

Il me dit : Prophétise, et parle à l'esprit ; prophétise, fils de l'homme, et dis à l'esprit : Ainsi parle le Seigneur, l'Éternel : Esprit, viens des quatre vents, souffle sur ces morts, et qu'ils revivent ! Je prophétisai selon l'ordre qu'il m'avait donné. Et l'esprit entra en eux, et ils reprirent vie, et ils se tinrent sur leurs pieds ; c'était une armée nombreuse, très nombreuse.

(*Ezéchiel*, XXXVII, 1-10.)

Le second Ésaïe, au contraire, est vraiment de la grande lignée prophétique, toute idéaliste. Ses poésies enflammées sont une suprême efflorescence du vieil arbre d'Israël. Il est le contemporain de la délivrance ; il salue d'avance en Cyrus l'exécuteur des hautes œuvres de l'Éternel sur la Babylone idolâtre et impie. Les promesses des prophètes vont se réaliser comme leurs menaces se sont réalisées autrefois. Dieu choisit ses moyens d'action comme il lui plaît : Assyriens, Babyloniens n'ont été que les instruments de sa légitime colère contre le peuple infidèle. Mais maintenant une élite, purifiée par l'épreuve, ayant expié par ses souffrances les péchés du peuple tout entier, va servir de noyau à la restauration d'un Israël renouvelé, épuré, incarnation de la justice, de la sainteté, de la pureté morale. Personnifiée dans « le serviteur de l'Éternel[1] » elle groupera les enfants dispersés d'Israël autour de la

____

1. C'est surtout dans les fragments relatifs au « serviteur de l'Éternel » que l'exégèse traditionnelle a vu la préfiguration du Christ. Il suffit de lire les textes sans idée préconçue pour s'assurer qu'ils ne contiennent rien de semblable. Il est dit à mainte et mainte reprise de la façon la plus formelle que le « serviteur de l'Éternel », c'est le peuple fidèle lui-même; voyez p. ex. : XLI, 8 (toi, Israël, mon serviteur ») ; XLIV, 1, 2, 21; XLV,4 ; XLIX, 3, etc. Cette personnification permet au prophète de parler du « serviteur » comme s'il s'agissait d'une individualité ; mais il faut fermer les yeux à l'évidence pour s'imaginer qu'il s'agit d'une personne réelle. Nulle part il n'est question d'un Messie.

montagne sainte, sous la houlette pacifique d'un rejeton de David, et fera rayonner sur la terre l'adoration du Dieu unique et le culte tout moral qu'il réclame. La mission du peuple de l'alliance a été d'être le témoin de Dieu dans le monde ; un âge idéal de félicité, de paix et de justice, surgira, où le sanctuaire de l'Éternel rayonnera sur le monde et le peuple fidèle sera la lumière des nations :

Voici, mon serviteur prospérera ;
Il montera, il s'élèvera, il s'élèvera bien haut.
De même qu'il a été pour plusieurs un sujet d'effroi,
Tant son visage était défiguré,
Tant son aspect différait de celui des fils de l'homme,
De même il sera pour beaucoup de peuples un sujet de
[joie.

.   .   .   .

Il s'est élevé devant lui [l'Éternel] comme une faible
[plante,
Comme un rejeton qui sort d'une terre desséchée ;
Il n'avait ni beauté, ni éclat pour attirer nos regards,
Et son aspect n'avait rien pour nous plaire.
Méprisé et abandonné des hommes,
Homme de douleur et habitué à la souffrance,

De même « le Saint d'Israël » n'est pas un homme, mais Dieu lui-même ; voyez : XLIII, 3, 14 ; XLV, 11 ; XLVIII, 17 ; LIV, 5 ; LX, 14, etc.

Semblable à celui dont on détourne le visage,
Nous l'avons dédaigné, nous n'avons fait de lui aucun
Cependant il a porté nos souffrances,   [cas.
Il s'est chargé de nos douleurs ;
Et nous l'avons considéré comme puni,
Frappé de Dieu et humilié.
Mais il était blessé pour nos péchés,
Brisé pour nos iniquités ;
Le châtiment qui nous donne la paix est tombé sur lui,
Et c'est par ses meurtrissures que nous sommes guéris.
Nous étions tous errants comme des brebis,
Chacun suivait sa propre voie ;
Et l'Éternel l'a frappé pour l'iniquité de nous tous.

. . . .

Après avoir livré sa vie en sacrifice pour le péché,
Il verra une postérité et prolongera ses jours ;
Et l'œuvre de l'Éternel prospérera entre ses mains.
Délivré des tourments de son âme, il rassasiera ses
                                              [regards ;
Par sa sagesse mon serviteur juste justifiera beaucoup
                                              [d'hommes,
Et il se chargera de leurs iniquités.
C'est pourquoi je lui donnerai sa part avec les grands.
                    (*Ésaïe*, LII, 13-15 ; LIII, 2-6 ; 10-12.)

Puis, après une magnifique description du
bonheur qui attend l'Israël régénéré, le prophète

étend sa vision sur tous les peuples de la terre :

Et les étrangers qui s'attachent à l'Éternel pour le servir,
Pour aimer le nom de l'Éternel,
Pour être ses serviteurs,
Tous ceux qui garderont le sabbat pour ne point le pro-
Et qui persévèreront dans mon alliance,   [faner,
Je les amènerai sur ma montagne sainte,
Et je les réjouirai dans ma maison de prière ;
Leurs holocaustes et leurs sacrifices seront agréés sur
          [mon autel ;
Car ma maison sera appelée une maison de prière pour
Le Seigneur, l'Éternel parle,   [tous les peuples.
Lui qui rassemble les exilés d'Israël ; [semblés.
Je réunirai d'autres peuples à lui, aux siens déjà ras-
       (Ésaïe, LVI, 6-8[1].)

  Et ailleurs :

..... C'est peu que tu sois mon serviteur,
Pour relever les tribus de Jacob,
Et pour ramener les restes d'Israël :
Je t'établis pour être la lumière des nations,
Pour porter mon salut jusqu'aux extrémités de la terre,
       (Ésaïe, XLIX, 6.)

Jamais l'inspiration prophétique ne s'était encore élevée aussi haut. Sans doute l'idée de l'élection du peuple d'Israël subsiste ainsi que la perspective de son triomphe particulier au

---

1. Ce fragment est attribué parfois à un prophète ultérieur.

milieu des nations. Mais l'universalisme coule ici à pleins flots, comme chez Jérémie ; le salut n'est pas le privilège exclusif du peuple de l'alliance ; celle-ci s'élargit jusqu'à englober les hommes de toute nation et de toute race et les descriptions de la félicité à venir sont pénétrées d'un spiritualisme religieux qui, pour insouciant qu'il soit des contingences de la réalité comme toute la prédication prophétique, ne se perd pas néanmoins dans les rêves du surnaturel. C'est la religion toute morale de Jérémie, celle qui est inscrite dans la conscience et dans le cœur, que le grand anonyme de l'exil projette sur l'humanité entière comme le but suprême de l'histoire du monde. Mais en plus, c'est la notion profonde de la souffrance du juste destinée à sauver la société coupable, qu'il proclame pour la première fois dans l'évolution religieuse d'Israël et peut-être même du monde entier. Le malheur du petit groupe des fidèles restait inexpliqué chez les prophètes antérieurs. Autant, au point de vue de leur foi, les malheurs du peuple de l'alliance paraissaient justifiés par son infidélité religieuse et morale, autant ils étaient impuissants à résoudre le problème angoissant par excellence des souffrances infligées aussi bien au petit groupe des justes qu'à l'ensemble de la nation méchante. Le prophète de l'exil a trouvé dans la notion de la solidarité morale la clef du mystère et c'est par cette intuition grandiose, bien plus que par les prédictions surnaturelles qu'on s'est plu à lui attribuer, qu'il est le véritable précurseur du Christ. Le juste souffre par la faute des injustes ; il porte la peine de leurs fautes, et c'est en souffrant pour la justice qu'il infuse à la société dans laquelle il vit, la sève d'une vie morale nouvelle, seule capable de la sauver des conséquences de ses fautes.

*
* *

Les grandioses prophéties du second Ésaïe ne se réalisèrent pas plus que celles de ses prédécesseurs. La majorité des exilés resta à Babylone. Seuls de petits groupes, plus riches de foi que de ressources, rentrèrent en Judée pour reconstituer la nation de l'Éternel. Le sanctuaire de Jahvéh fut reconstruit sur la montagne sainte à travers de nombreuses tribulations. Peu à peu un peuple se reconstitua grâce aux renforts qui arrivèrent de

Babylone, mais un peuple misérable, soumis à la domination étrangère, sans puissance et sans rayonnement. Comme les ardents jahvistes furent seuls à revenir, ce peuple nouveau, le peuple juif, se composa dès lors uniquement de monothéistes ; l'idolâtrie, contre laquelle les prophètes antérieurs à l'exil ont tant lutté, a complètement disparu. Le culte de Jahvéh concentré à Jérusalem règne seul et n'en tolère aucun autre à ses côtés. En l'absence d'un pouvoir civil autonome, la vie nationale se résume de plus en plus dans la profession religieuse ; elle gravite autour du Temple restauré ; à cet égard la prédication prophétique a obtenu un plein succès. Elle a formé une société qui est une communauté religieuse, une Église plutôt qu'une nation, et elle l'a trempée d'une coulée si puissante qu'aucune force humaine n'a pu dès lors la désagréger.

Mais cette victoire même a écrasé le prophétisme de l'ancien Israël. La prépondérance du Temple, c'est aussi la suprématie du sacerdoce, le règne du culte rituel, c'est-à-dire tout juste le contraire de l'inspiration religieuse qui est l'essence même du prophétisme supérieur. L'alliance jadis contractée sous Josias entre le parti prophétique et le parti sacerdotal de Jérusalem, a profité à ce dernier seul. Au retour de l'exil, il fixe la loi lévitique, subordonne la vie morale à l'accomplissement des pratiques cultuelles, la piété intérieure à la dévotion extérieure, place les institutions nouvelles sous le couvert de l'autorité sacrée d'un code sacerdotal attribué à Moïse et pose l'éteignoir du rite sur la religion de la conscience.

Il y avait, en effet, dans le prophétisme supérieur de Jérémie et des Ésaïes, autre chose encore que la proscription du polythéisme et de l'idolâtrie : la condamnation du culte cérémoniel extérieur, la proclamation de la religion spirituelle qui met bien au-dessus de tous les rites la pratique de la justice et les observances de la pureté morale[1]. Comment les sacrificateurs juifs de Jérusalem auraient-ils fait meilleur accueil à cette prédication que les prêtres de Béthel ? Aussi la parole prophétique s'éteint-elle peu à peu dans le Judaïsme de la restauration. Il y a encore des prophètes après l'exil : Aggée, Malachie, les auteurs des diverses prédications groupées dans la Bible sous le nom de Zacharie et de quelques autres morceaux qui se sont

____

1. Voir plus haut les citations d'Ésaïe et de Jérémie.

glissés dans les recueils de prophètes plus anciens. Mais l'inspiration n'y est plus ; le grand souffle d'autrefois est épuisé.

La déception a été trop grande. Car le peuple de l'alliance est désormais tout entier fidèle à son Dieu et cependant les promesses rattachées par les prophètes au rétablissement de l'alliance ne se sont pas réalisées. Le peuple de l'Éternel est aussi faible, aussi malheureux que jamais ; aujourd'hui comme hier il est soumis à des puissances impies. Et les siècles passent, les grandes catastrophes se succèdent sur la scène de l'histoire, l'empire perse s'écroule, Alexandre le Grand bouleverse le monde antique, le pouvoir de ce monde se transmet d'un sceptre à un autre ; en dépit de quelques lueurs passagères d'espérance, la situation du peuple de Dieu ne change pas.

Sous le coup de ces expériences réitérées l'ancienne foi prophétique se décompose. Elle ne meurt pas, car ce peuple a la foi chevillée jusque dans les profondeurs de son âme. Mais elle se transforme. Chez les uns elle s'exaspère et cherche un refuge dans les visions fantastiques du surnaturel. Les perspectives idéalistes des grands prophètes d'autrefois ne lui suffisent plus ; il lui faut des drames tragiques, de grands tableaux réalistes des catastrophes surhumaines que la colère divine va déchaîner sur le monde impie, des orgies de l'imagination surchauffée, où les puissances célestes apportent au peuple de Dieu le dénouement sanglant du grand scandale de l'impiété triomphante. Ce sont les *Apocalypses*, héritières en un sens du prophétisme antique, mais héritières dégénérées, en qui le fanatisme national et l'excès de la douleur ont altéré l'inspiration morale et matérialisé les espérances.

Chez les autres, au contraire, l'ancienne foi prophétique se rétrécit et se dessèche dans le culte de la lettre, greffé sur celui du rite. N'ayant plus d'inspiration personnelle, ils se consolent par la lecture des livres sacrés, où ils ont réuni les textes de la Loi et les prédications des prophètes d'autrefois. Ils sont comme ces personnes cruellement éprouvées qui ne vivent plus que dans le souvenir des êtres chers qu'ils ont perdus ; le reste du monde ne semble plus exister pour elles ; elles s'abîment dans la contemplation du passé, dont elles commentent sans cesse les moindres vestiges. Ceux-là font consister leur religion dans l'observance minutieuse des préceptes de la Loi ; ils en raffinent les applications et multiplient les pratiques, convaincus que la réalisation des promesses divines n'est constamment différée que par suite de l'insuffisance des dévotions du peuple fidèle. Ce sont les *pharisiens*, le type immortel des dévots qui lisent la lettre des prophètes sans en saisir l'esprit et que le culte des pratiques religieuses hypnotise jusqu'à leur faire oublier la religion.

D'autres enfin, de petits groupes de « pauvres de l'Éternel » ne savent que se résigner et prier. Ils ne comprennent pas le mystère du plan de Dieu ; ils se bornent à croire en lui, en sa souveraineté, en sa justice, en sa bonté. Ils transposent dans l'admirable poésie lyrique des *Psaumes* l'éternelle espérance du petit peuple fidèle et ils trouvent dans la satisfaction intérieure que leur procure leur piété la consolation et le réconfort. Confiants dans l'avenir, assurés que la volonté divine finira par triompher, ils ne se grisent pas de visions apocalyptiques ; nourris de la foi de leurs maîtres par la méditation assidue de leurs livres sacrés, ils sont trop sensibles à sa beauté religieuse pour s'enchaîner à la lettre de l'Écriture et à la scolastique de ses commentateurs ; fidèles à ce qui est à leurs yeux la Loi de Dieu, telle qu'elle se lit dans les livres de Moïse, ils ont une expérience trop vive de la piété intime pour s'absorber dans le culte des rites et des pratiques. Ils sont bien réellement le petit peuple de fidèles conçu par Ésaïe, mais ils sont faibles, pauvres, sans force d'expansion. La foi prophétique est latente en eux plutôt qu'agissante. C'est là cependant qu'elle se conserve, en quelque sorte sous la cendre, jusqu'au jour où elle jaillira de nouveau en la personne du plus grand des prophètes, Jésus de Nazareth, définitivement dégagée du particularisme national juif qui en avait arrêté l'essor même chez les plus généreux des prophètes d'Israël, pour se répandre comme parole de l'Évangile sur le monde entier.

*
* *

Cette rapide esquisse des destinées du Prophétisme hébreu resterait singulièrement incomplète, si nous ne mentionnions pas ici l'action qu'il a exercée en dehors du peuple d'Israël ou de la communauté juive. Ce n'est pas seulement sous la forme de l'Évangile que l'esprit prophétique a rayonné sur le monde ;

c'est la parole même des Amos, des Ésaïe, des Jérémie, qui brisa le cercle étroit du petit monde palestinien, lorsqu'elle fut traduite en grec par les Juifs d'Alexandrie, au IIIe ou au IIe siècle avant l'ère chrétienne et se répandit, dans cette langue accessible à tous, par toutes les colonies juives qui, après Alexandre le Grand, essaimèrent autour de la Méditerranée sur le monde antique. Non seulement la prédication prophétique devint dès lors pour la société hellénique une école de monothéisme et de religion morale, qui prépara l'introduction du Christianisme et qui, dans ce milieu plus vaste et plus libre, se dégagea de plus en plus des attaches particularistes juives, trop exclusivement nationales, dont même les Jérémie et les Ésaïe de l'exil n'avaient pas réussi à se délivrer ; mais, en outre, elle fut pour les premiers chrétiens eux-mêmes la parole libératrice qui leur permit d'émanciper la religion nouvelle du joug lévitique, ritualiste juif, sous lequel une partie des premiers disciples du Christ, les judaïsants, menaçaient de l'étouffer. Les chrétiens, à leur tour, adoptèrent la Bible juive dans son expression grecque ; elle fut leur livre sacré pendant près de 200 ans, avant qu'il y eût un

Nouveau Testament, et elle resta partie inté-
grante de leur Bible, en tant qu'Ancien Testament, même lorsqu'ils eurent leur propre recueil de livres saints.

La prédication des prophètes d'Israël est
devenue ainsi la nourriture spirituelle des mil-
liards de créatures humaines, depuis vingt
siècles, qui se sont édifiées à la lecture de la
Bible, mais surtout depuis que la Réformation
du XVIe siècle a mis le livre sacré entre les
mains des fidèles dans des traductions en langue vulgaire accessibles à tous. Il n'y a pas
d'écrivains de l'antiquité qui aient été davan-
tage lus et médités. Leur action s'est ainsi con-
tinuée jusque dans les temps modernes, surtout dans les pays relevant de la Réforme
calviniste, plus pénétrée d'Ancien Testament
que la Réforme luthérienne. Qui parviendra
jamais à apprécier à sa juste valeur l'impor-
tance de cette action chez les peuples anglo-
saxons, les seuls où la liberté politique et
sociale ait véritablement pénétré dans les
mœurs ? Qui dira avec une suffisante exactitude
à quel point l'inspiration religieuse des prophètes supérieurs d'Israël a contribué, au sein
même des Églises protestantes, à maintenir

vivant l'esprit de réforme incessante, en rappelant sans cesse à ces pratiquants de la Bible la supériorité de la religion spirituelle et morale sur la religion du rite ou des pratiques dévotes ? L'esprit des prophètes, la libre inspiration de la conscience se sentant obligée par une force supérieure à braver le prêtre ou le roi pour faire prévaloir la loi divine de justice et de droiture, c'est l'esprit de l'éternelle réforme, individuelle et sociale. Livré à lui seul, il aboutirait peut-être à l'anarchie de l'individualisme intransigeant. Mais comme ferment de progrès et comme puissance de vie morale, il est l'un des facteurs essentiels de l'histoire. Malheur aux peuples qui n'ont pas de prophètes !

Ces grands revendicateurs des droits imprescriptibles de la conscience sont souvent traités d'utopistes par leurs contemporains. A chaque prophétie nouvelle en Israël, il a paru que la réalité infligeait le plus cruel démenti aux assurances des prophètes. Et cependant, pour nous qui voyons les choses de plus loin et de plus haut que ne le pouvaient leurs contemporains, ces grands idéalistes de la vie morale ont eu une intuition plus juste et plus perspicace

de la véritable destinée de leur peuple que le
détracteurs de leur prétendue folie, en procla
mant que sa grandeur, sa fonction providen
tielle, consistaient à être le témoin du Dieu d
justice et de sainteté dans l'histoire. Que reste
t-il aujourd'hui des Philistins, d'Edom e
d'Ammon, qui infligèrent à Israël des défaite
sanglantes ? Que reste-t-il même de Sargon o
de Nabou-koudour-Oussour, qui réduisirent
néant et emmenèrent en exil Israël et Juda
Rien ou presque rien : quelques pierres. Tandi
que les prophètes ont fait de ce petit peupl
d'Israël, qui n'était par lui-même rien de plu
qu'Edom et qu'Ammon, une des grandes puis
sances morales de l'histoire, la souche fécond
d'où sont sorties les trois grandes religions d
monde civilisé : le Judaïsme, le Christianism
et l'Islamisme, et qu'ils parlent aujourd'hu
encore à d'innombrables êtres humains, pou
lesquels tout le reste de l'antiquité est muet

Chalon-sur-Saône, imprimerie française et orientale E. BERTRAN